**당신의 신앙점수는?**

## 당신의 신앙 점수는?

© 생명의말씀사 2017

2017년 12월 29일 1판 1쇄 발행

펴낸이 | 김재권
펴낸곳 | 생명의말씀사

등록 | 1962. 1. 10. No.300-1962-1
주소 | 서울시 종로구 경희궁1길 5-9(03176)
전화 | 02)738-6555(본사) · 02)3159-7979(영업)
팩스 | 02)739-3824(본사) · 080-022-8585(영업)

지은이 | 김홍만

기획편집 | 유선영, 최은용
디자인 | 조현진, 김혜진
인쇄 | 영진문원
제본 | 정문바인텍

ISBN 978-89-04-20007-8 (03230)

저작권자의 허락없이 이 책의 일부 또는 전체를
무단 복제, 전재, 발췌하면 저작권법에 의해 처벌을 받습니다.

구원과 신앙 점검을 위한 60가지 질문

# 당신의 신앙 점수는?

WHAT IS YOUR SPIRITUAL TEST SCORES?

김홍만 지음

**CONTENTS** WHAT IS YOUR SPIRITUAL TEST SCORES?

프롤로그  6

# 1 구원의 은혜 점검

### 1. 하나님의 구속 사역에 대한 지식이 있습니까?  11
구원을 이루시는 삼위 하나님의 사역
교회와 기독 신앙의 핵심

### 2. 생명에 이르는 진정한 회개를 했습니까?  19
죄를 깨닫게 하시는 성령님의 역사
진정한 회개의 7가지 증거

### 3. 구원에 이르는 믿음이 있습니까?  27
구원에 이르지 못하는 믿음의 유형
구원에 이르는 믿음의 특징

### 4. 거룩한 삶의 열망이 있습니까?  35
자기를 부정하고 예수님을 따르는 제자도
진정한 구원의 증거들

# 2 은혜의 수단과 효과 점검

### 5. 마음을 다해 하나님을 예배합니까?    47
구약성경에 나타난 이방인의 믿음
공적 예배의 요소

### 6. 주일을 거룩하게 지킵니까?    55
하나님께 구별하여 드리는 날
주일에 하지 말아야 할 일과 해야 할 일

### 7. 십일조를 구별하여 드립니까?    63
십일조의 규정과 의미
십일조의 유익

### 8. 성경을 공부하고 있습니까?    71
반드시 배워야 할 기독교 기본 교리
단단한 음식을 먹는 신앙 단계

### 9. 기도의 은혜가 있습니까?    79
하나님께 나아가는 은혜의 수단
공적인 기도의 중요성

### 10. 교회에서 봉사하고 있습니까?    87
교회의 여러 은사와 직무
자기 자랑이 되지 않는 봉사

### 11. 전도의 열정이 있습니까?    95
영적 회심의 증거, 전도
성경 말씀을 가르치는 전도

### 12. 풍성한 구제와 나눔이 있습니까?    103
구원의 증거이자 의무인 구제
필요한 자에게 넉넉하게 주라

에필로그    110

**프롤로그**

# 구원의 확신과 신앙의 점검을 돕는 책

신학교에 입학해서 신학을 배우고 유학으로 학위를 마친 후, 목회 사역을 하고 다시 신학교에서 학생들을 가르치기까지 어언 30년의 세월이 흘렀다. 32년 전, 내가 신학을 시작하면서 가졌던 고민이 하나 있는데 그 고민은 지금까지 계속되고 있다. '나에게 맡겨진 사역을 통해 어떻게 진정한 하나님의 백성을 세울까?' 하는 것이다.

나는 30년 이상 이 고민을 붙들고 해결하기 위해 매달리는 가운데 청교도 역사와 신학을 공부하게 되었다. 또 한편으로는 목회와 전도, 선교 방법에 대해서 연구하기도 했다. 그러던 중 최근에 관심을 갖게 된 문제는 '어떻게 하면 교인들이 자신의 구원을 점검해보고 확실한 그리스도인이 되도록 도울 수 있을까?' 하는 것이었다.

이와 같은 고민 속에 이 책을 쓰게 되었다. 이 책은 교인들이 자신의 구원과 신앙을 점검하는 데 도움을 주기 위한 책이다. 이 책의 각 장에는 '점검 질문'이 있는데, 1부 '구원의 은혜 점검'에는 구원 여부를 확인하는 질문 20개, 2부 '은혜의 수단과 효과 점검'에는 은혜의 효과에 대한 질문 40개가 있어 총 60개의 질문으로 이루어져 있다. 따라서 1부에서는 구원의 확실성을 분명히 할 수 있을 것이며, 2부에서는 현재 자신이 올바른 신앙생활을 하고 있는지를 확인할 수 있을 것이다.

이 땅에서 우리의 구원을 점검하는 것은 주께서 우리에게 주신 명령이다. 베드로후서에서는 "그러므로 형제들아 더욱 힘써 너희 부르심과 택하심을 굳게 하라 너희가 이것을 행한즉 언제든지 실족하지 아니하리라 이같이 하면 우리 주 곧 구주 예수 그리스도의 영원한 나라에 들어감을 넉넉히 너희에게 주시리라"(벧후 1:10-11)고 말씀하고 있다. 따라서 이 책이 개인적으로나 혹은 교회의 여러 형태의 모임에 사용되어서 베드로 사도가 말한 것처럼 신앙의 점검을 통해 하나님 나라에 넉넉히 들어가는 성도들이 되기를 소원한다.

한국청교도연구소 소장
**김홍만 목사(Ph.D)**

# 1

# 구원의 은혜 점검

1-4장에서는 구원의 은혜를 점검합니다.
참된 구원의 체험이 있으려면
삼위 하나님의 구속 사역에 대한 지식이 있어야 하며,
그 지식 위에 성령이 역사하셔서
실제로 회개와 믿음이 일어나야 합니다.
진정으로 회심했다면 심령에 그 증거가 나타나게 되어 있습니다.
1부에서는 이러한 구원의 은혜가 자신에게 있는지를
확인해보게 됩니다.

**WHAT IS YOUR
SPIRITUAL
TEST SCORES?**

# 1

# 하나님의 구속 사역에 대한 지식이 있습니까?

**본문 : 에베소서 1장 4-7, 13절**

"곧 창세 전에 그리스도 안에서 우리를 택하사 우리로 사랑 안에서 그 앞에 거룩하고 흠이 없게 하시려고 그 기쁘신 뜻대로 우리를 예정하사 예수 그리스도로 말미암아 자기의 아들들이 되게 하셨으니 이는 그가 사랑하시는 자 안에서 우리에게 거저 주시는 바 그의 은혜의 영광을 찬송하게 하려는 것이라 우리는 그리스도 안에서 그의 은혜의 풍성함을 따라 그의 피로 말미암아 속량 곧 죄 사함을 받았느니라… 그 안에서 너희도 진리의 말씀 곧 너희의 구원의 복음을 듣고 그 안에서 또한 믿어 약속의 성령으로 인치심을 받았으니"

신자가 자신이 진정한 하나님의 백성인지 아닌지 점검할 때, 가장 먼저 확인해야 하는 것은 자신이 가진 성경 지식의 범위와 깊이이다. 특히 자신에게 구원의 은혜를 베푸시는 삼위 하나님의 구속 사역을 정확하게 이해하고 있는지 살펴보아야 한다. 이러한 성경 지식이 부족한 경우, 잘못된 영적 현상들이 나타날 수 있다. 성경이 아닌 자기 생각으로 거짓 신을 만들어서 섬기거나, 다른 종교의 신 개념과 혼합하여 우상을 만들어 섬기게 되는 것이다.

가장 쉽게 나타나는 거짓 신앙의 양상은 오직 이 땅에서의 건강과 물질적인 풍요만을 추구하며, 자신의 성공을 위해 열심을 내는 모습이다. 이는 기독 신앙의 기본 지식을 갖추지 않고 단지 종교 생활만 하는 모습으로서, 구원 여부를 점검해볼 경우 매우 위험한 상태라고 볼 수 있다.

따라서 신자는 성경에 계시된 삼위 하나님을 아는 지식이 있어야 한다. 특별히 자신의 구원과 관련하여 삼위 하나님의 각 위가 하시는 일을 알아야 한다. 그래야 자신이 구원받은 사실에 대해 최소한의 개념을 가질 수 있다. 이 지식 없이 교회 생활만 하는 것은 다른 종교의 수행 생활을 하는 것과 다를 바 없다. 자신의 영달이 신앙생활의 목적이라면 샤머니즘적인 종교 행위에 불과하다.

### 구원을 이루시는 삼위 하나님의 사역

삼위 하나님의 구속 사역을 이해하려면 먼저 성부께서 하신 일에 대해 알아야 한다. 에베소서 1장 4-5절에는 "곧 창세 전에 그리스도 안에서 우리를 택하사 우리로 사랑 안에서 그 앞에 거룩하고 흠이 없게 하시려고 그 기쁘신 뜻대로 우리를 예정하사 예수 그리스도로 말미암아 자기의 아들들이 되게 하셨으니"라고 하나님 아버지의 선택을 설명하고 있다.

하나님 아버지께서 특정한 자들을 구원하려고 선택하셨다는 말씀이다. 물론 하나님 아버지가 어떤 자들을 선택하셨는지는 그 선택이 실행되기까지 인간인 우리가 알 수 없다. 특정한 자들을 구원하시는 것은 피조물인 인간과 구분된 창조주이신 하나님 아버지의 영역이기 때문에 이것에 대해 인간이 왈가왈부할 수 없다(롬 9:19-21).

성부께서는 자신이 선택한 백성의 죄를 해결하시려고 창세 전에 그리스도를 중재자로 정해놓으셨다(요 17:5). 그래서 그리스도는 아버지가 선택한 백성에게 구원이 일어나도록 구속의 사역을 하셨다. 구약시대부터 아버지는 아들이 할 일을 미리 선지자들을 통해 예언하셨다. 선택된 자들의 죄를 해결하기 위해 아들이 고난을 받고, 그들을 대신해서 죽을 것을 알려주셨다(사 53:10).

하나님의 때가 되자 아들은 사람의 몸을 입고 이 땅에 오셨다. 그는 선지자들이 예언한 대로 십자가에서 돌아가셨다. 하나님이 백성의 죄를 모두 짊어지신 것이다. 아들인 그리스도는 아버지가 택하신 백성에게 구원이 일어나도록 십자가에서 피를 흘리셨다. 바울 사도는 에베소서 1장 1-5절에 소개한 성부의 사역에 이어서 1장 7절에서 "우리는 그리스도 안에서 그의 은혜의 풍성함을 따라 그의 피로 말미암아 속량 곧 죄 사함을 받았느니라"라고 그리스도의 구속 사역과 그에 따른 효과를 말한다.

이처럼 사도 바울은 신자의 구원에서 성부와 성자의 사역을 설명한 다음, 이어서 성령님의 사역에 관해 설명하고 있다. 성령님은 하나님 아버지가 택하신 백성을 위해 그리스도가 흘리신 피를 실제로 그들에게 적용하는 일을 하신다. 에베소서 1장 13절에서는 "그 안에서 너희도 진리의 말씀 곧 너희의 구원의 복음을 듣고 그 안에서 또한 믿어 약속의 성령으로 인치심을 받았으니"라고 말씀한다. 성령님께서 택함 받은 자에게 회개와 믿음을 일으켜서 그들로 그리스도의 보혈에 대한 의미를 깨닫게 하시고, 그리스도를 믿게 하는 일을 하신다는 것이다.

### 교회와 기독 신앙의 핵심

결국 삼위일체 교리는 우리의 구원을 이해하기 위한 가르침이다. 성부께서 선택하셨고, 성자께서 그 백성에게 구원이 일어나도록 역사 속에서 구속 사역을 이루셨고, 또한 성령님께서 구원이 실제로 택한 백성에게 일어나도록 일하시고 계신다. 이 사실을 아는 것은 신자에게 가장 기본적인 지식이다.

사도 바울은 나아가 이렇게 삼위 하나님의 사역으로 인해 구원받은 백성이 교회에 가입되어야 한다는 것을 말한다. 에베소서 1장 22-23절에서는 "또 만물을 그의 발 아래에 복종하게 하시고 그를 만물 위에 교회의 머리로 삼으셨느니라 교회는 그의 몸이니 만물 안에서 만물을 충만하게 하시는 이의 충만함이니라"고 말씀한다. 구원받은 백성이 교회에 소속되어 그리스도의 통치를 받아야 한다는 것이다. 또한, 이 구절에서 그리스도는 하나님이 선택하신 백성들이 모두 구원받을 때까지 계속해서 그들을 구원해서 교회에 채우시는 일을 하고 계신 분으로 언급되어 있다.

에베소서 1장에 기록된 삼위 하나님의 구속 사역에 대한 설명은 사도들의 가르침의 핵심이며, 교회를 세워가는 재료에 해당된다(엡 2:20). 더욱이 바울은 이 가르침이 그리스도의 비밀인데, 이제는 성령님의 역사로 인해 선택된 백성들이 깨달을 수 있게 되었다고 말한다(엡 3:4-5). 그러므로 진정으로 하나님의 구원받은 백성이라면 삼위 하나님의 구속 사역에 대해 영적으로 깨닫게 되며, 그래서 그 위대함을 찬양할 수밖에 없게 된다. 반면에 이 구속 사역에 대해 성경적으로 분명한 지식이 없다면, 자신의 신앙이 모래 위에 세운 것과 같다는 사실을 깨달아야 한다.

## 점.검.질.문.

1. 성부 하나님께서 구원을 위해 하신 일을 분명히 깨닫고 있습니까?

2. 우리의 구원을 위해 그리스도께서 행하실 일을 성부 하나님과 성자 그리스도 사이에서 어떻게 정하셨는지 알고 있습니까?

3. 성자 그리스도께서 십자가에서 피 흘리신 이유를 알고 있습니까?

4. 성령님께서 나의 구원을 위해 하시는 일을 알고 있습니까?

5. 구원받은 백성들이 그리스도의 통치를 받기 위해 어디에 소속되어야 하는지 알고 있습니까?

# 2

# 생명에 이르는 진정한 회개를 했습니까?

**본문 : 고린도후서 7장 8-11절**

"그러므로 내가 편지로 너희를 근심하게 한 것을 후회하였으나 지금은 후회하지 아니함은 그 편지가 너희로 잠시만 근심하게 한 줄을 앎이라 내가 지금 기뻐함은 너희로 근심하게 한 까닭이 아니요 도리어 너희가 근심함으로 회개함에 이른 까닭이라 너희가 하나님의 뜻대로 근심하게 된 것은 우리에게서 아무 해도 받지 않게 하려 함이라 하나님의 뜻대로 하는 근심은 후회할 것이 없는 구원에 이르게 하는 회개를 이루는 것이요 세상 근심은 사망을 이루는 것이니라 보라 하나님의 뜻대로 하게 된 이 근심이 너희로 얼마나 간절하게 하며 얼마나 변증하게 하며 얼마나 분하게 하며 얼마나 두렵게 하며 얼마나 사모하게 하며 얼마나 열심 있게 하며 얼마나 벌하게 하였는가 너희가 그 일에 대하여 일체 너희 자신의 깨끗함을 나타내었느니라"

성경은 여러 가지 거짓 회개의 종류를 언급하면서 진정한 구원에 이르는 회개의 특징을 가르쳐 주고 있다. 애굽의 바로왕은 하나님께서 모세를 통해서 경고하신 대로 심판하시자 두려워하며 회개했다. 그는 애굽 전역에 맹렬한 우박이 쏟아지는 것을 보고 모세와 아론 앞에서 이렇게 회개했다. "이번은 내가 범죄하였노라 여호와는 의로우시고 나와 나의 백성은 악하도다"(출 9:27).

이 고백만 보면 그의 회개는 완벽해 보인다. 그러나 우박 재앙이 지나가자마자 그는 회개하기 이전의 모습으로 돌아가서 여전히 죄를 지었다(출 9:34). 이러한 회개를 일시적 회개라고 하는데, 가장 보편적인 거짓 회개다. 신앙 고백과 회개의 고백이 있음에도 불구하고 계속 죄를 짓고 있다면 그것은 아직 회개한 것이 아니다. 이는 신약성경에서도 분명하게 말하고 있다(요일 3:6).

성경에 나오는 또 다른 거짓 회개는 자신의 죄를 분명히 알지만, 결코 죄에서 돌이키지 않는 경우다. 헤롯왕은 세례 요한이 자신의 죄에 대해 꾸짖을 때, 그가 의로운 사람인 것을 알고 달게 들으며 그의 책망을 받아들였다(막 6:20). 그러나 그는 죄에서 떠나지 않았고, 결국 세례 요한을 죽이는 죄까지 지었다(막 6:26-27). 사도 바울의 설교를 들은 벨릭스 총독도 마찬가지였다. 그는 설교를 듣고 죄에 대한 각성이 일어나서 두려워했지만, 자신의 죄를 버리고 하나님께로 돌아오지는 않았다(행 24:25).

성경에 나타난 거짓 회개 중 또 다른 경우는 눈에 드러난 죄의 행위에 대해서만 회개하는 것이다. 그리고 나서 그는 여전히 은밀하게 죄를 짓는다(호 7:8). 이러한 회개 역시 구원에 이르는 회개가 아니다.

### 죄를 깨닫게 하시는 성령님의 역사

그러므로 우리의 회개가 참된 회개로서 생명에 이르게 하는 회개인지 아닌지 확인하는 것은 매우 중요한 일이다. 이를 위해 우리가 가장 먼저 알아야 할 것은, 구원에 이르게 하는 회개가 성령님의 사역으로 일어난다는 것이다. 따라서 우리는 그 성령님의 역사가 무엇인지를 알아야 한다(고후 7:10).

앞 장에서 살펴본 것과 같이 우리에게 실제적으로 구원이 일어나게 하는 것은 성령님의 사역이다. 성령님께서는 우리에게 그리스도의 보혈의 은혜를 적용하기 위해서(히 9:14) 가장 먼저 우리의 죄를 깨닫게 하신다. 요한복음 16장 8절에서는 "그가 와서 죄에 대하여, 의에 대하여, 심판에 대하여 세상을 책망하시리라"고 말씀하신다. 성령님께서는 택하신 죄인들에게 죄를 깨닫게 하고, 하나님의 의로우심을 알게 하신다. 그래서 죄인들 스스로가 자신이 불의한 자임을 깨닫게 하신다.

구약에서도 이 원리를 에스겔 선지자가 설명했다. "맑은 물을 너희에게 뿌려서 너희로 정결하게 하되 곧 너희 모든 더러운 것에서와 모든 우상 숭배에서 너희를 정결하게 할 것이며"(겔 36:25). 이처럼 정결하게 하는 작업이 성령님의 사역이다. 죄에 대한 책망을 통해 죄인들이 자신의 죄가 얼마나 끔찍하고 더러운지를 보게 하는 것이다.

성령님은 선택된 자들에게 죄의 각성이 일어나게 하실 때, 죄인들을 죄에서 떠나게 하려고 그들로 하여금 죄의 더러움을 더욱 분명하게 보게 하신다. 죄를 혐오하는 성질을 우리의 심령에 형성시키시는 것이다(렘 31:19).

또한, 성령님은 신자들이 죄에 대해 탄식하게 하신다(행 2:37). 고린도후서 7장 10절은 "하나님의 뜻대로 하는 근심은 후회할 것이 없는 구원에 이르게 하는 회개를 이루는 것이요 세상 근심은 사망을 이루는 것이니라"고 말씀하고 있다. 성령님의 역사하심으로 말미암아 신자는 죄에 대해 영적인 고뇌와 근심에 빠지는 것이다. 이러한 역사가 있어야 회개한 이후에도 죄를 혐오하고, 죄와 싸우게 되기 때문이다.

### 진정한 회개의 7가지 증거

성령님의 역사하심으로 우리가 생명에 이르는 진정한 회개를 했다면, 반드시 그 효과가 분명하게 나타난다. 고린도후서 7장에서는 그에 대한 7가지의 증거들을 언급하고 있다. "보라 하나님의 뜻대로 하게 된 이 근심이 너희로 얼마나 간절하게 하며 얼마나 변증하게 하며 얼마나 분하게 하며 얼마나 두렵게 하며 얼마나 사모하게 하며 얼마나 열심 있게 하며 얼마나 벌하게 하였는가 너희가 그 일에 대하여 일체 너희 자신의 깨끗함을 나타내었느니라"(고후 7:11).

생명에 이르는 진정한 회개의 첫 번째 증거는 간절함이다. 이는 죄에 대해서 매우 신중하며, 경계하는 마음을 가지게 되었다는 의미다. 과거에는 하나님의 법을 생각 없이 어겼지만, 진정한 회개를 통해서 영적인 주의를 기울이게 된 것이다. 따라서 죄를 짓지 않으려고 부지런히 주의하며, 마귀의 간계에 대비하고, 성령님의 지배에서 떨어져 나가지 않도록 영적인 주의를 기울이게 된다.

두 번째 증거는 변증이다. 자신의 잘못을 인정하고 고백하며, 용서받기 위해서 진정으로 구하는 모습이다. 세 번째는 분함이다. 자신의 어리석음에 대해서 분하게 여기는 마음이다. 이는 죄를 반복해서 짓지 않게 하는 데 반드시 필요한 영적인 성향이다.

네 번째는 두려움이다. 자신의 죄에 대한 하나님의 진노가 얼마나 엄하고 무서운지를 깨닫는 마음이다. 이 마음은 구원받은 이후에도 여전히 갖게 되는 것인데, 이를 복음적 두려움이라고 한다(고후 7:1). 이로써 죄와 싸우고 죄를 죽이고자 하는 마음이 일어난다.

다섯 번째는 사모함이다. 하나님께 간절히 은혜를 구하며, 여러 가지 유혹으로부터 지켜달라고 간구하는 것이다. 여섯 번째는 열심이다. 이는 하나님 말씀에 기꺼이 순종하여 열심히 이행하는 것을 의미한다. 하나님을 기쁘시게 하려고 최선을 다하는 모습이다. 일곱 번째 회개의 증거는 벌함이다. 자기를 부정하고, 때로 금식도 하면서 다시는 죄를 짓지 않으려고 자신을 철저히 징계하는 것이다.

이와 같은 성령님의 역사는 단순히 지적인 앎이 아니라 영적인 체험이다. 따라서 신자는 자신에게 성령님의 역사로 인한 이러한 회개의 증거가 있는지 살펴보아야 한다. 이것은 신자의 의무다(고후 13:5).

### 점.검.질.문.

1. 자신의 죄가 하나님의 법에 대항해서 저질러진 것임을 깨닫는 경험을 했습니까?

2. 자신의 죄가 얼마나 더럽고 심각한 것인지 각성한 영적 체험이 있습니까?

3. 자신의 연약함으로 인해 죄를 지었을 때 괴로움을 느꼈습니까?

4. 죄를 짓지 않기 위해서 하나님께 기도로 부르짖으며 은혜를 구하고 있습니까?

5. 죄를 짓지 않기 위해서 영적으로 주의를 기울이고 경계하고 있습니까?

# 3
# 구원에 이르는 믿음이 있습니까?

**본문 : 요한복음 3장 12-15절**

"내가 땅의 일을 말하여도 너희가 믿지 아니하거든 하물며 하늘의 일을 말하면 어떻게 믿겠느냐 하늘에서 내려온 자 곧 인자 외에는 하늘에 올라간 자가 없느니라 모세가 광야에서 뱀을 든 것 같이 인자도 들려야 하리니 이는 그를 믿는 자마다 영생을 얻게 하려 하심이니라"

성경은 우리에게 구원의 방법을 명확하게 계시하고 있다. 생명에 이르는 회개가 무엇인지 알게 하려고 생명에 이르지 못하는 거짓 회개에 대해 알려주신 것처럼, 구원에 이르는 믿음이 무엇인지 깨닫게 하려고 구원에 이르지 못하는 믿음에 대해 분명하게 말씀하고 계신다.

### 구원에 이르지 못하는 믿음의 유형

구원에 이르지 못하는 믿음으로는 먼저 '역사적 믿음'을 들 수 있다. 역사적 믿음이란, 성경에서 말하고 있는 내용, 특히 그리스도께서 십자가에 돌아가신 것을 받아들이고 인정하지만, 실제적인 성령님의 적용이 없어서 단지 그에 대한 지식만 가지고 있는 상태를 말한다. 구원의 교리를 지식으로 동의하는 상태에만 머물러 있을 뿐(약 2:19), 구원에 유효한 성령님의 역사가 없어서 심령 속에 은혜의 증거가 없는 상태다.

구원에 이르지 못하는 또 다른 믿음의 형태는 '일시적 믿음'이다. 하나님의 말씀을 들으며 어느 정도 영적인 체험도 했지만, 말씀으로 인해 어려움이 오면 믿음을 포기하는 경우다(마 13:20-21). 이러한 현상은 열정적인 집회 등을 통해 영적으로 무언가 체험하기는 했지만, 말씀을 아는 수준이 너무 낮거나 피상적이어서 그리스도에 대한 믿음을 제대로 갖지 못한 경우에 생기곤 한다. 이들은 결국에는 신앙을 포기하는 결과로 나타나거나, 성경 전체의 교리에 대한 이해 부족으로 잘못된 가르침에 빠지거나 하기 쉽다.

'맹목적 믿음'도 구원받는 믿음이 아니다. 맹목적 믿음은 교회에서 가르치는 것을 맹목적으로 따르고, 그것을 행함으로써 구원받는다고 생각하는 것이다. '은사적 믿음'을 구원의 믿음으로 착각하는 경우도 있다. 마가복음 16장에는 이러한 은사적 믿음의 예가 나온다. "믿는 자들에게는 이런 표적이 따르리니 곧 그들이 내 이름으로 귀신을 쫓아내며 새 방언을 말하며 뱀을 집어올리며 무슨 독을 마실지라도 해를 받지 아니하며 병든 사람에게 손을 얹은즉 나으리라 하시더라"(막 16:17-18).

이 구절에서의 믿음을 구원의 믿음으로 해석하면 큰 문제가 발생한다. 믿는다고만 하면 독을 마셔도 죽지 말아야 하기 때문이다. 그러나 이 구절에서의 믿음은 사도들에게 주셨던 믿음의 은사를 말하는 것이다.

성령님의 은사는 성령님의 일반 사역이고, 구원의 은혜는 성령님의 특별 사역으로서 서로 구별된다. 더구나 성령님의 은사를 받았어도 구원의 은혜는 받지 못한 경우를 성경이 말하고 있기 때문에(히 6:4-6) 주의하여 구원의 은혜를 분별해야 한다. 그러므로 우리는 진정한 구원의 믿음을 확인하고 점검하기 위해서 거짓 믿음과 은사적 믿음을 구분해야 한다.

### 구원에 이르는 믿음의 특징

그렇다면 구원에 이르게 하는 믿음에는 어떤 특징이 있는지 성경에서 확인해보자. 구원에 이르는 믿음 역시 성령님의 역사에 의해서 일어난다. 성령님은 하나님 아버지가 선택한 백성에게 죄의 각성이 일어나게 하시고, 자신에게 용서와 구원의 은혜가 필요하다는 사실을 절실히 깨닫게 하신다. 성령님의 이러한 역사로 인해 영적 각성이 된 죄인들은 하나님을 향하여 자신의 불의와 더러움을 덮을 수 있는 죄의 용서와 은혜를 구하게 된다.

이때 성령님은 하나님 아버지께서 그리스도 안에 우리의 죄와 불의를 가릴 수 있는 의로움을 마련해 놓으셨다는 복음을 깨닫게 하신다. 그러므로 회개하는 죄인은 용서의 은혜를 얻기 위해서 그리스도를 향해 달려가게 되어 있다(막 2:17). 이것이 바로 구원의 믿음이다. 성령님께서 죄인에게 그리스도 안에 마련된 구원의 은혜를 깨닫게 하시고, 그들의 의지를 갱신시켜서 기꺼이 그리스도를 찾아가게 하신다. 이것이 성령님께서 믿음을 일으키시는 방식이다.

사도 바울은 갈라디아서 2장에서 믿음의 발생 원리를 다음과 같이 설명한다. "사람이 의롭게 되는 것은 율법의 행위로 말미암음이 아니요 오직 예수 그리스도를 믿음으로 말미암는 줄 알므로 우리도 그리스도 예수를 믿나니 이는 우리가 율법의 행위로써가 아니고 그리스도를 믿음으로써 의롭다 함을 얻으려 함이라 율법의 행위로써는 의롭다 함을 얻을 육체가 없느니라"(갈 2:16).

구원받는 믿음은 우선 자신의 어떤 행위로도 자신의 불의를 덮을 수 없으며, 율법을 지키거나 선행을 통해서는 스스로 자신을 구원할 수 없다는 것을 인정하는 데서 출발한다. 그리고 용서를 얻을 방법을 찾는 가운데 그리스도 안에서 죄를 용서받고 불의를 덮을 수 있다는 것을 깨닫고, 의로움을 얻기 위해 그리스도를 믿어야 한다.

이처럼 참된 구원의 믿음에는 자신의 어떤 행위로도 자신을 구원할 수 없다는 철저한 깨달음이 전제되어 있다. 이어서 그는 자신을 의롭게 할 수 있는 것을 찾고 구하며, 오직 그리스도 안에 믿는 자들을 의롭게 할 수 있는 의로움과 죄의 용서가 있음을 깨달아야 한다. 이것은 모두 성령님의 역사로 이뤄진다. 오직 그리스도 안에만 구원의 은혜가 있기 때문에 성령님께서 우리를 그리스도에게로 가도록 믿음을 주시는 것이다.

따라서 구원에 이르는 믿음을 가진 자는 자신이 왜 예수 그리스도를 믿어야 하는지 분명히 깨닫고 있고, 그리스도의 소중함을 알며 오직 그에게만 가야 함을 철저히 아는 상태에 이른 자다. 이 믿음은 단지 지적인 앎이 아니며, 이론도 아니다. 그리스도의 구속의 은혜가 적용될 때 일어나는 실제적인 영적 체험이다.

진정으로 구원에 이르는 믿음을 가진 자는 마치 진주 장사가 값진 진주를 찾다가 발견하면 자신이 소유한 모든 것을 팔아서 그 값진 진주를 소유하는 것처럼 행동한다(마 13:45-46). 그래서 구원의 믿음을 소유한 자는 그리스도를 가장 소중하게 여기며, 자신의 구원에 최고의 가치를 부여한다(히 2:3). 또한, 그리스도를 사랑하여 그에게 헌신하게 되어 있다.

## 점.검.질.문.

1. 자신의 죄를 용서받고 의를 얻을 수 있는 방법을 찾았습니까?

2. 자신의 불의함을 깨닫고 의에 굶주린 상태로 하나님께 은혜를 구한 적이 있습니까?

3. 오직 그리스도의 복음 안에만 죄의 용서가 있다는 것을 철저하게 체험했습니까?

4. 하나님께서 구원의 은혜를 오직 그리스도 안에만 마련해 놓으신 것을 깨달았습니까?

5. 그리스도 안에 내 죄를 용서하고 불의를 덮는 은혜가 있는 것을 깨닫고, 그리스도에게 달려가서 그분을 붙잡았습니까?

# 4

## 거룩한 삶의 열망이 있습니까?

**본문 : 베드로전서 1장 14-16절**

"너희가 순종하는 자식처럼 전에 알지 못할 때에 따르던 너희 사욕을 본받지 말고 오직 너희를 부르신 거룩한 이처럼 너희도 모든 행실에 거룩한 자가 되라 기록되었으되 내가 거룩하니 너희도 거룩할지어다 하셨느니라"

성경에서 자신이 구원받았다고 확신하는 사람 중에 실제적으로는 구원의 은혜가 없는 경우들을 찾아볼 수 있다. 그들은 진리를 받아들일 뿐만 아니라 진리에 대한 서술과 고백이 분명히 있는데도 불구하고, 계명을 지키는 일에 마음을 두고 있지 않은 자들이다. 성경은 그들을 향하여 구원의 은혜가 없다고 말한다(요일 2:4,9).

그리스도가 자신의 죄를 용서하셨다는 확신을 가지고서 그리스도의 보혈로 죄 용서함을 받았다고 말하지만, 여전히 습관적으로 죄를 짓고 있다면 그는 거듭난 상태가 아니다(요일 3:6-8). 그가 외적으로는 종교 행위를 완벽하게 수행하는 사람이라고 해도 마찬가지다. 예수님은 그러한 자들에게 구원받지 못했다고 말씀하셨다.

마태복음 25장에 나오는 열 처녀 비유에서 지혜로운 다섯 처녀와 어리석은 다섯 처녀는 겉으로 보이는 모습은 거의

똑같아서 처음에는 구별하기가 어렵다. 그러나 마지막에는 분명하게 구별된다. 구원의 은혜가 없는 자들은 어느 정도 신앙의 모습을 흉내 낼 수는 있어도, 결국 은혜가 없기 때문에 마지막까지 지속할 수 없다(마 25:1-13).

### 자기를 부정하고 예수님을 따르는 제자도

예수님께서 오병이어의 기적을 베푸셨을 때, 많은 무리가 따르며 예수님을 찬양하고 왕으로 세우려고 했다(요 6:14-15). 예수님은 일부러 그들을 피하셨다. 그런데도 무리는 예수님을 계속 찾아다녔고 결국 그들은 예수님을 만났다. 그런데 그때 예수님은 그들에게 이해하기 어려운 영생에 대한 말씀을 하셨다. 그러자 그렇게도 열렬히 예수님을 찾았던 많은 사람이 이 말씀을 듣고서 대부분 예수님을 떠나버렸다(요 6:66).

예수님은 마지막 날에 일어날 일들을 미리 보시고, 위선자와 거짓 사역자들을 책망하셨다. "나더러 주여 주여 하는 자마다 다 천국에 들어갈 것이 아니요 다만 하늘에 계신 내 아버지의 뜻대로 행하는 자라야 들어가리라 그 날에 많은 사람이 나더러 이르되 주여 주여 우리가 주의 이름으로 선지자 노릇 하며 주의 이름으로 귀신을 쫓아내며 주의 이름으로 많은 권능을 행하지 아니하였나이까 하리니 그 때에 내가 그들에게 밝히 말하되 내가 너희를 도무지 알지 못하니 불법을 행하는 자들아 내게서 떠나가라 하리라"(마 7:21-23).

신앙고백은 분명하지만, 하나님의 뜻에 관심이 없고 계명을 지키지 않은 자들에 대해 예수님은 구원이 없다고 말씀하신다. 그들이 비록 성령님의 은사를 받아 말씀을 가르치고, 귀신을 쫓아내며, 많은 권능을 행했다고 해도, 하나님의 계명을 어기고 불법을 행하는 자들은 구원받은 백성이 아니라고 분명히 말씀하신다. 그러므로 신자가 이 땅에서 자신의 구원에 대해 점검하는 것은 반드시 필요하며, 주의 명령이기도 하다.

그러면 구원 여부를 놓고 자신이 어떤 상태에 있는지 어떻게 점검할 수 있을까? 주님은 우리에게 구원받은 백성의 특징을 구체적으로 서술해주셨다. 그래서 우리가 구원받은 상태에 있는지 그렇지 않은지를 충분히 확인할 수 있게 해주셨다.

예수님은 구원받은 백성에게 나타나는 중요한 특징은 제자도를 따르는 것이라고 말씀하셨다. 이 제자도에 대해 언급하실 때의 상황은 예수님이 행하신 놀라운 기적 때문에 수많은 무리가 예수님을 따르고 있던 때였다(눅 14:25). 그때 예수님은 가시던 길을 멈추고 일부러 뒤로 돌아서서 무리에게 말씀하셨다.

"무릇 내게 오는 자가 자기 부모와 처자와 형제와 자매와 더욱이 자기 목숨까지 미워하지 아니하면 능히 내 제자가 되지 못하고 누구든지 자기 십자가를 지고 나를 따르지 않는 자도 능히 내 제자가 되지 못하리라"(눅 14:26-27). 자기를 부정하지 않고, 자기 십자가를 지지 않고 그리스도를 따르는 자들은 그리스도의 제자가 아니라는 것이다.

그리고 나서 예수님은 두 개의 비유를 들어 말씀하셨다. 진정한 제자는 그리스도를 따를 때 희생과 어려움이 있어도, 이미 그것에 대해 계산하고서 그리스도를 끝까지 따른다(눅 14:28-33). 즉, 예수님께서 말씀하신 구원받은 백성의 증거는 자기를 부정하고, 자기 십자가를 지고 그리스도를 매일 따르는 것이다. 그리고 그리스도의 소중함을 깨달아 어떤 어려움이 와도 결코 그리스도를 포기하지 않는 것이다.

### 진정한 구원의 증거들

그리스도의 사도들도 진정한 구원의 은혜를 받은 자에게 나타나는 증거에 대해 설명했다. 사도 바울은 로마서 6장에서 구원받은 두 가지 증거를 언급한다. "무릇 그리스도 예수와 합하여 세례를 받은 우리는 그의 죽으심과 합하여 세례를 받은 줄을 알지 못하느냐 그러므로 우리가 그의 죽으심과 합하여 세례를 받음으로 그와 함께 장사되었나니 이는 아버지의 영광으로 말미암아 그리스도를 죽은 자 가운데서 살리심과 같이 우리로 또한 새 생명 가운데서 행하게 하려 함이라"(롬 6:3-4).

첫째로, 바울은 구원받은 자는 죄에 대해서 죽는다고 말한다. 죄에 대해서 죽는다는 것은 죄의 유혹에 반응하지 않는다는 뜻이다. 이는 로마서 8장 13절의 말씀, 곧 "너희가 육신대로 살면 반드시 죽을 것이로되 영으로써 몸의 행실을 죽이면 살리니"라는 말씀처럼 죄를 죽이는 것을 의미한다.

둘째로, 구원받은 자는 새 생명 가운데 행한다고 말한다. 하나님을 향하여 거룩한 삶을 사는 것이다. 이는 로마서 8장 4절의 "육신을 따르지 않고 그 영을 따라 행하는 우리에게 율법의 요구가 이루어지게 하려 하심이니라"는 말씀처럼, 성령님을 따라 행하고 그의 계명을 지키는 모습이다. 즉, 바울은 진정한 구원의 은혜에는 죄와 싸우는 모습과 하나님을 향하여 거룩한 삶을 추구하는 모습이 있어야 한다고 말한다.

사도 요한도 바울과 같이 구원받은 백성의 증거들에 대해 이렇게 말한다. "예수께서 그리스도이심을 믿는 자마다 하나님께로부터 난 자니 또한 낳으신 이를 사랑하는 자마다 그에게서 난 자를 사랑하느니라 우리가 하나님을 사랑하고 그의 계명들을 지킬 때에 이로써 우리가 하나님의 자녀를 사랑하는 줄을 아느니라 하나님을 사랑하는 것은 이것이니 우리가 그의 계명들을 지키는 것이라 그의 계명들은 무거운 것이 아니로다"(요일 5:1-3).

이 말씀에서 요한은 거듭남의 구체적인 증거를 열거한다.

예수가 그리스도이심을 믿는 것이며, 하나님을 사랑하고, 거듭난 형제를 사랑하고, 하나님의 계명을 지키는 것이라고 말한다. 이처럼 예수 그리스도와 사도들이 직접 말씀하신 구원받은 백성의 특징에 대한 구체적인 말씀들은 오늘날 우리 자신에게 진정한 구원의 은혜가 있는지 점검해볼 수 있는 중요한 지침이 된다.

### 점.검.질.문.

1. 당신은 세상적인 이득 때문이 아니라 그리스도의 말씀과 영생의 중요성 때문에 그리스도를 믿습니까?

2. 그리스도를 믿고 따른다고 할 때, 그리스도로 인해 당신이 잃어버려야 할 것에 대해서도 이미 계산했습니까?

3. 그리스도를 믿음으로써 죄와 싸우고 있습니까?

4. 하나님을 섬기려는 거룩한 갈망이 있습니까?

5. 나 자신의 연약함을 핑계로 죄와 싸우는 것을 포기하지 않고, 하나님의 계명을 지키려고 애를 쓰고 있습니까?

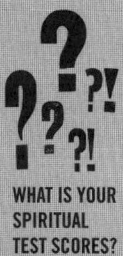

**WHAT IS YOUR
SPIRITUAL
TEST SCORES?**

# 2부로 넘어가기 전에 생각해보십시오.

1부의 점검 질문에 대한 자신의 대답이 절반 이상 확실하지 않다면, 2부로 넘어가지 말고 먼저 자신의 구원 상태를 긴급하게 점검해야 합니다.

2부는 진정한 신앙을 가진 신자에게 실제적인 효과로 나타나는 신앙생활을 살펴보는 부분입니다. 따라서 1부의 구원 여부의 점검이 온전히 이뤄져야 2부의 점검이 의미가 있습니다. 구원의 은혜가 불분명한 상태에서 은혜의 효과를 점검할 경우, 자칫 자신의 행위로 위안을 받고 거짓 확신을 가질 수도 있습니다.

# 2

# 은혜의 수단과 효과 점검

2부는 구원받은 백성이 하나님께서 주신 은혜의 수단들을
잘 사용하면서 그리스도 안에서 성장하고 있는지 확인하는 부분입니다.
5-12장의 각 장은 구원받은 백성이 지키고 행해야 할
하나님의 뜻과 계명에 관련된 사항들입니다.
따라서 자신의 신앙 상태를 가시적으로 확인할 수 있는 부분입니다.

**WHAT IS YOUR SPIRITUAL TEST SCORES?**

# 5

# 마음을 다해
# 하나님을 예배합니까?

**본문 : 출애굽기 20장 1-7절**

"하나님이 이 모든 말씀으로 말씀하여 이르시되 나는 너를 애굽 땅, 종 되었던 집에서 인도하여 낸 네 하나님 여호와니라 너는 나 외에는 다른 신들을 네게 두지 말라 너를 위하여 새긴 우상을 만들지 말고 또 위로 하늘에 있는 것이나 아래로 땅에 있는 것이나 땅 아래 물 속에 있는 것의 어떤 형상도 만들지 말며 그것들에게 절하지 말며 그것들을 섬기지 말라 나 네 하나님 여호와는 질투하는 하나님인즉 나를 미워하는 자의 죄를 갚되 아버지로부터 아들에게로 삼사 대까지 이르게 하거니와 나를 사랑하고 내 계명을 지키는 자에게는 천 대까지 은혜를 베푸느니라 너는 네 하나님 여호와의 이름을 망령되게 부르지 말라 여호와는 그의 이름을 망령되게 부르는 자를 죄 없다 하지 아니하리라"

하나님은 이스라엘 백성을 애굽에서 건져내시고, 시내산에서 그들과 언약을 맺으면서 십계명을 주셨다. 이스라엘 백성은 십계명을 모든 민족 앞에서 잘 지켜서 하나님의 백성이라는 정체성을 드러내야 했다. 이방 민족들은 이스라엘 백성이 십계명을 잘 지키는 것을 볼 때, 하나님이 계신 것을 알 수 있었다. 여기에는 이방 민족이 하나님을 찾아 예배하게 하려는 하나님의 목적이 있었다.

십계명을 살펴보면 1계명에서 4계명까지는 하나님께서 정하신 예배의 규정에 대한 계명이다. 이는 하나님을 아는 지식이 있고 구원의 은혜를 경험한 백성이라면, 반드시 가장 먼저 하나님을 예배하는 것에 우선순위를 두어야 함을 의미한다. 이는 이스라엘에만 적용되는 말씀이 아니라 이방인을 포함한 모든 사람에게 적용되는 말씀이다.

## 구약성경에 나타난 이방인의 믿음

구약성경에 보면 이방 사람인 라합은 하나님을 아는 지식을 가지고 있었다. 그녀는 하나님을 예배하고 그의 백성 가운데 있기를 갈망하며 정탐꾼을 믿음으로 숨겨주었다(수 2:1-21). 이방 며느리인 룻도 시어머니를 통해서 하나님을 아는 지식을 가지게 되었다. 그녀는 하나님을 예배하기 위해 자신의 고국으로 돌아가지 않고, 시어머니를 따라서 베들레헴 땅으로 갔다(룻 1:14-17).

솔로몬 왕은 성전 건축을 완성하고 봉헌식을 하면서 하나님께 이렇게 기도드렸다. "또 주의 백성 이스라엘에 속하지 아니한 자 곧 주의 이름을 위하여 먼 지방에서 온 이방인이라도 그들이 주의 크신 이름과 주의 능한 손과 주의 펴신 팔의 소문을 듣고 와서 이 성전을 향하여 기도하거든 주는 계신 곳 하늘에서 들으시고 이방인이 주께 부르짖는 대로 이루사 땅의 만민이 주의 이름을 알고 주의 백성 이스라엘처럼 경외하게 하시오며 또 내가 건축한 이 성전을 주의 이름으로 일컫는 줄을 알게 하옵소서 주의 백성이 그들의 적국과 더불어 싸우고자 하여 주께서 보내신 길로 나갈 때에 그들이 주께서 택하신 성읍과 내가 주의 이름을 위하여 건축한 성전이 있는 쪽을 향하여 여호와께 기도하거든 주는 하늘에서 그들의 기도와 간구를 들으시고 그들의 일을 돌아보옵소서"(왕상 8:41-45).

이방인들이 하나님을 아는 지식을 얻게 되어 하나님을 예배하기 위해 성전이 있는 예루살렘에 와서 하나님께 예배하고 은혜를 구하면, 그 기도에 응답하셔서 모든 이방 민족이 하나님을 알 수 있게 해달라는 것이다. 이처럼 하나님을 아는 지식이 있는 사람에게 가장 먼저 나타나는 효과는 하나님을 예배하게 되는 것이다.

### 공적 예배의 요소

하나님께 드리는 예배에는 대표적으로 신자들이 공적으로 모여서 드리는 예배가 있다. 이 공적 예배에는 여러 요소가 있다. 성경 봉독, 설교, 성례, 찬송, 기도, 헌금 등이다.

성경을 읽을 때는 확신을 가지고 읽으며, 하나님의 뜻을 깨닫고 복종하려는 마음의 자세를 가져야 한다. 설교를 들을 때는 믿음과 공경심을 가지고 들으며, 성례에 합당하게 참여하고, 찬송을 은혜 가운데 부르며, 특별한 때에는 금식과 서원과 감사를 한다.

개 교회들은 공적 예배를 정기적으로 정해 놓았다. 따라서 진정한 신자는 공적 예배를 드리는 것에 마음을 다해야 하며, 결코 소홀히 해서는 안 된다. 신자는 공적 예배를 드리는 가운데 하나님을 사랑하고 신뢰하는 것을 표현하며, 자신의 부족함을 고백하고, 하나님 앞에 자신을 낮추고 은혜를 구해야 한다. 또한, 신자들은 공적 예배를 통해 하나님의 위엄에 대한 복음적 두려움을 가지며, 하나님이 싫어하는 것들을 물리치려는 마음을 갖게 된다.

이러한 예배는 신자를 세상과 구별되게 하며, 하나님의 백성으로서 정체성을 드러내게 한다. 하나님께서 우리의 하나님이 되시고, 우리가 하나님의 백성이라는 언약 관계를 사람들의 눈에 드러내 보이는 것이 공적 예배다. 하나님은 자신의 백성이 공적으로 드리는 예배를 통해 큰 영광을 받으시며, 이를 은혜를 베푸시는 수단으로 사용하신다.

신자는 또한 개인적으로도 하나님을 예배해야 한다. 개인적으로 드리는 예배는 가정에서, 혹은 혼자 은밀하게 하나님께 예배하는 것이다(마 6:6). 그리스도께서는 개인적으로 예배하는 것을 가르치시고 직접 본을 보여주셨다. 그러므로 신자는 개인적인 장소를 찾아서 은밀하게 기도를 드려야 한다. 이것은 신자의 영적 상태를 보여주는 가장 중요하고도 분명한 표시다. 신자는 매일 아침저녁으로 혼자 은밀히 기도할 뿐만 아니라 일상생활에서도 자주 경건하고 열정적인 마음으로 하나님을 찾고 구해야 한다.

### 점.검.질.문.

1. 하나님을 예배하는 것을 진정으로 사모합니까?

2. 교회의 정기적인 공적 예배에 항상 참여합니까?

3. 공적 예배를 드릴 때 하나님을 사랑하고 공경하는 마음으로 드립니까?

4. 공적 예배에서 설교와 찬송과 기도에 집중하여 드립니까?

5. 개인적으로도 하나님을 자주 예배합니까?

WHAT IS YOUR
SPIRITUAL
TEST SCORES?

# 6
# 주일을 거룩하게 지킵니까?

**본문 : 출애굽기 20장 8-11절**

"안식일을 기억하여 거룩하게 지키라 엿새 동안은 힘써 네 모든 일을 행할 것이나 일곱째 날은 네 하나님 여호와의 안식일인즉 너나 네 아들이나 네 딸이나 네 남종이나 네 여종이나 네 가축이나 네 문안에 머무는 객이라도 아무 일도 하지 말라 이는 엿새 동안에 나 여호와가 하늘과 땅과 바다와 그 가운데 모든 것을 만들고 일곱째 날에 쉬었음이라 그러므로 나 여호와가 안식일을 복되게 하여 그 날을 거룩하게 하였느니라"

하나님은 제6일에 사람을 만드심으로 창조의 사역을 완성하시고 제7일을 안식일로 정하셨다. 그날은 사람이 하나님을 예배하는 날이다. 하나님이 이스라엘 백성과 시내산에서 언약을 맺으면서 주신 십계명 중 제4계명도 안식일에 대한 계명이다.

그리스도께서는 자신의 신적 권위로 안식일을 주일로 바꾸셨다. 그래서 주일을 그리스도인의 안식일(Christian Sabbath)이라고 부르기도 한다. 이날은 모든 사람이 하나님을 찾고 예배하는 날이며, 특히 구원받은 백성은 결코 소홀히 해서는 안 되는 날이다.

안식일은 인간에게 아직 죄가 들어오지 않았을 때부터 하나님이 정하신 날이기 때문에 도덕법적인 성격을 가지고 있다. 또한, 십계명의 제4계명인 "안식일을 기억하여 거룩히 지키라"(출 20:8)는 계명을 주신 것을 보아도 도덕법인 것이

확증된다. 안식일 규정이 비록 의식법과 연계되어 있다고 해도, 십계명 가운데 하나이기 때문에 이 계명은 영속성을 가진다.

"또 여호와와 연합하여 그를 섬기며 여호와의 이름을 사랑하며 그의 종이 되며 안식일을 지켜 더럽히지 아니하며 나의 언약을 굳게 지키는 이방인마다 내가 곧 그들을 나의 성산으로 인도하여 기도하는 내 집에서 그들을 기쁘게 할 것이며 그들의 번제와 희생을 나의 제단에서 기꺼이 받게 되리니 이는 내 집은 만민이 기도하는 집이라 일컬음이 될 것임이라"(사 56:6-7). 이 말씀은 복음 시대에도 안식일이 여전히 적용될 것을 말해준다. 이처럼 안식일에 대한 규정은 주일을 지키는 것으로 계속 적용되고 있다.

### 하나님께 구별하여 드리는 날

그리스도께서는 안식일을 주일로 변경하시면서, 그 날을 '주의 날'로 명명하셨다(계 1:10). 그리스도의 부활에 대한 감사의 날로 정하신 것이다. 안식일이 세상의 창조와 관련하여 특별히 거룩하게 된 것처럼, 주일은 부활과 관련하여 구속을 기념하는 특별한 날로 거룩하게 되었다. 창조와 새 창조를 기억하고 감사하며 특별하게 하나님께 구별하여 드리는 날이 주일이다.

이날은 신자들이 공적 예배로 하나님을 예배하며 구별하여 드리는 날이기 때문에, 불신자에게 하나님의 영광을 드러내는 기능을 한다. 또, 일주일마다 반복되는 날이어서 신자가 하나님을 예배하는 일에 성실한지 그렇지 않은지 구분할 수 있는 기능까지 가지고 있다. 십계명 가운데 하나로서 준수 여부를 외적으로 확인할 수 있는 계명이기 때문에, 제4계명의 준수 여부는 나머지 9개의 계명을 잘 지키고 있는지 가늠할 수 있는 척도가 되기도 한다.

따라서 신자는 주일을 하나님만 예배하고 경배하는 날로 사용해야 한다. 한 주간의 6일은 이 땅에서의 직업에 관련된 일과 일상적인 일을 수행하되, 주일은 이런 일들로부터 자신을 구별하여 온전히 하나님을 예배해야 한다. 이 날을 "거룩히 지키라"(출 20:8)는 말씀은 하나님에게만 구별하여 드리라는 의미다. 하나님을 예배하기 위해 세상의 일에서 벗어나 자유를 누리라는 것이다.

또한, 하나님을 예배하는 데는 설교, 공공기도, 성례, 찬송, 교리 문답 등 여러 요소가 있기 때문에 주일을 따로 떼어 구별하지 않으면 이러한 것들을 온전히 수행할 수 없다.

### 주일에 하지 말아야 할 일과 해야 할 일

십계명에서 안식일의 규정은 안식일에 할 수 없는 일들을 말하고 있다. 우선 안식일에 노동을 금했는데, 이는 세상의 분주한 마음을 가지고는 하나님을 예배할 수 없기 때문이다. 주일에는 모든 것을 공급하시고, 풍족하게 하시는 하나님을 바라보게 하려고 세상의 일들을 멈추라는 것이다. 그리고 하나님에 대한 의무를 마땅히 수행하라는 것이다.

이처럼 주일에는 세상의 직업과 관련된 일이나, 오락과 관련된 생각과 말과 행위를 멈추어야 한다. 이날에 세상의 일과 오락에 마음을 쓰고 분주하다면 그것은 하나님을 멸시하고 무시하는 일이다. 어떤 사람들은 주일에 하나님을 예배하는 데 3-4시간을 할애하고 나머지 시간은 자신의 세상

업무와 오락에 사용하는데, 이것 역시 주일을 온전히 거룩하게 지키지 못하는 모습이다.

주일에는 신자들이 공적으로 예배를 드리는 것 이외에도 적극적으로 해야 할 것들이 있다. 기도와 묵상, 성경과 신앙서적 읽기, 성경공부에 참여하기, 신자 및 가족과의 경건한 대화 등이다. 그러므로 공적 예배 시간 이후에도 이러한 거룩한 일에 시간을 할애해야 한다.

그래서 주일을 영혼의 장날이라고 부른다. 자신의 경건생활에 필요한 모든 것들을 구입하는 날이다. 하나님은 이 날을 신자들을 축복하는 효과적인 수단으로 만드셨다.

이 외에도 주일에 적극적으로 해야 하는 일 중 하나는, 자비와 긍휼을 베푸는 일이다. 병든 자들을 돌아보고, 고난당하고 있는 성도들을 위로하는 일에도 적극적으로 참여해야 한다.

**점.검.질.문.**

1. 주일을 얼마나 소중히 여기고 있습니까?

2. 주일에 세상적인 업무와 오락을 중단하고 있습니까?

3. 주일을 온전히 거룩하게 지키고 있습니까?

4. 주일을 거룩하게 지키는 데 방해가 되는 요소들을 제거하고 있습니까?

5. 주일에 공적 예배 이외에도 거룩한 의무들을 행하고 있습니까?

WHAT IS YOUR
SPIRITUAL
TEST SCORES?

# 7
## 십일조를 구별하여 드립니까?

**본문 : 마태복음 23장 23절**

"화 있을진저 외식하는 서기관들과 바리새인들이여 너희가 박하와 회향과 근채의 십일조는 드리되 율법의 더 중한 바 정의와 긍휼과 믿음은 버렸도다 그러나 이것도 행하고 저것도 버리지 말아야 할지니라"

십일조란 신자가 자신의 소득에서 십 분의 일을 하나님께 드리는 것이다. 이러한 십일조가 성경에서 처음 언급되는 곳은 창세기 14장이다. "너희 대적을 네 손에 붙이신 지극히 높으신 하나님을 찬송할지로다 하매 아브람이 그 얻은 것에서 십 분의 일을 멜기세덱에게 주었더라"(창 14:20).

 야곱은 벧엘에서 "하나님께서 내게 주신 모든 것에서 십 분의 일을 내가 반드시 하나님께 드리겠나이다"(창 28:22)라며 하나님께 십일조를 드리기로 맹세했다. 또한, 레위기의 마지막 장은 성결법의 결론인데 "모든 소나 양의 십일조는 목자의 지팡이 아래로 통과하는 것의 열 번째의 것마다 여호와의 성물이 되리라"(레 27:32)고 하여 십일조를 여호와의 거룩한 것이라고 규정하고 있다. 신자의 거룩한 삶에서 십일조 생활의 중요성을 말하는 것이다.

## 십일조의 규정과 의미

신명기 26장 1-11절에는 십일조에 대한 규정과 용도가 나와 있는데, 십일조의 용도는 영적 기관과 사업을 유지하기 위한 것이다. 말라기 3장에서는 하나님께서 이스라엘 백성이 하나님의 규례를 지키지 않은 것을 지적하면서 온전한 봉헌을 요구하시는데, 그들이 십일조의 규례를 지키지 않은 것을 지적하셨다.

"사람이 어찌 하나님의 것을 도둑질하겠느냐 그러나 너희는 나의 것을 도둑질하고도 말하기를 우리가 어떻게 주의 것을 도둑질하였나이까 하는도다 이는 곧 십일조와 봉헌물이라"(말 3:8). 이처럼 하나님의 언약 백성이 드리는 십일조는 하나님께서 자신의 백성에게 모든 것을 공급하신다는 표시이자, 그의 백성이 이 모든 것이 하나님에게서 왔다는 것을 고백하는 표시였다.

그리스도께서도 십일조에 대해 언급하셨다. "화 있을진저 외식하는 서기관들과 바리새인들이여 너희가 박하와 회향과 근채의 십일조는 드리되 율법의 더 중한 바 정의와 긍휼과 믿음은 버렸도다 그러나 이것도 행하고 저것도 버리지 말아야 할지니라"(마 23:23). 이 말씀을 보면 십일조가 신약시대에도 유효한 것임을 알 수 있다.

또 "매주 첫날에 너희 각 사람이 수입에 따라 모아 두어서 내가 갈 때에 연보를 하지 않게 하라"(고전 16:2)는 서신서의 말씀을 보면 초대교회도 십일조 규정을 준수하고 있음을 확인할 수 있다.

그런데 어떤 이들은 십일조 규정이 구약의 의식법 규정이기 때문에 신약에 사는 우리에게 적용되지 않는다고 주장한다. (이는 전형적인 도덕률 폐기론 주의자의 주장으로 오류이다.) 그러나 성경의 증거들을 볼 때 십일조 규정은 의식법이 주어지기 전부터 있었던 도덕법이었다. 레위기와 신명기에서 의식법과 시민법에 해당되는 부분이 있다고 할지라도 그 성격상 도덕법의 기능을 했다.

말라기에서는 언약 백성의 표시로서 십일조가 언급되고 있는데, 이는 이사야 56장에서 안식일을 언약 백성의 표시로 보는 것과 같은 의미다. 즉, 하나님과 그 백성 간의 관계의 표시인 것이다. 이것이 구약의 십일조를 단지 의식법으로만 볼 수 없는 이유다.

더구나 그리스도께서는 비록 외식하는 서기관과 바리새인의 십일조에 대한 태도를 책망하셨지만, 십일조가 더는 효력이 없다고 말씀하시지 않고 오히려 의무인 것으로 말씀하셨다. 따라서 신약 시대에 사는 신자들은 주일성수와 함께 십일조의 규정을 준수해야 할 의무가 있다. 주일을 거룩하게 지키는 것이 신자가 하나님께 드려야 하는 '시간'에 대한 규정이라면, 십일조는 하나님께 드려야 하는 '물질'에 대한 규정이다.

### 십일조의 유익

십일조는 하나님께서 무엇이 부족해서 자신의 백성들에게 받아야만 하는 물질에 대한 규정이 아니다. 이것은 신자의 유익을 위한 규정이다. 신자가 하나님께 소득의 십 분의 일을 구별하여 드림으로써, 자신이 얻은 소득이 자신의 능력이나 힘에 의한 것이 아니라 하나님이 주시는 은혜임을 인정하는 것이다.

즉, 십일조는 하나님의 주권과 섭리를 그의 언약 백성이 인정한다는 표시이다. 마치 다윗이 성전 건축 준비를 다 한 후에 하나님께 준비한 것을 드리면서 했던 고백과 같다. "나와 내 백성이 무엇이기에 이처럼 즐거운 마음으로 드릴 힘이 있었나이까 모든 것이 주께로 말미암았사오니 우리가 주의 손에서 받은 것으로 주께 드렸을 뿐이니이다"(대상 29:14). 주께서 주신 것 중에서 구별하여 드린다는 고백인 것이다.

십일조의 규정은 신자에게 또 다른 큰 유익을 준다. 신자들은 이 땅에서 살아가는 동안 계속해서 세상의 유혹을 받는다. 때로는 부자가 되고자 하는 욕망도 갖게 된다. 그러나 십일조 규정은 이러한 육신적 욕망을 억제하는 기능을 한다. 자신의 소득에서 십 분의 일을 주님께 드리는 가운데 때로는 자신이 원하는 것을 구매할 수 없는 경우도 있을 것이다. 그러나 십일조 규례를 지킴으로써 자신에게 있는 것에 만족하고 감사할 수 있게 된다.

어떤 교인들은 십일조를 하나님에게서 물질적인 복을 얻는 수단으로 생각하고 지킬 수도 있다. 이것은 "너희의 온전한 십일조를 창고에 들여 나의 집에 양식이 있게 하고 그것으로 나를 시험하여 내가 하늘 문을 열고 너희에게 복을 쌓을 곳이 없도록 붓지 아니하나 보라"(말 3:10)는 말씀을 남용하는 태도다. 십일조는 신자가 자신에게 주어진 구원과 소득에 대해 감사하고 하나님의 주권을 높이는 것으로서, 자기 신앙의 상태를 측정할 수 있는 도구가 된다.

### 점.검.질.문.

1. 구원의 은혜와 모든 것이 하나님에게서 왔음을 인정합니까?

2. 하나님의 언약 백성으로서 나타나는 표시를 소중히 여깁니까?

3. 모든 것이 하나님에게서 왔음을 고백하는 증거로 십일조를 드리고 있습니까?

4. 하나님께 드리는 물질에 풍성한 마음을 가지고 있습니까?

5. 물질을 사용할 때 욕망이 억제되고 있습니까?

# 8

# 성경을 공부하고 있습니까?

**본문 : 요한일서 2장 12-14절**

"자녀들아 내가 너희에게 쓰는 것은 너희 죄가 그의 이름으로 말미암아 사함을 받았음이요 아비들아 내가 너희에게 쓰는 것은 너희가 태초부터 계신 이를 알았음이요 청년들아 내가 너희에게 쓰는 것은 너희가 악한 자를 이기었음이라 아이들아 내가 너희에게 쓴 것은 너희가 아버지를 알았음이요 아비들아 내가 너희에게 쓴 것은 너희가 태초부터 계신 이를 알았음이요 청년들아 내가 너희에게 쓴 것은 너희가 강하고 하나님의 말씀이 너희 안에 거하시며 너희가 흉악한 자를 이기었음이라"

구원의 은혜를 경험한 자는 영적으로 성장하기 위해 신령한 음식을 사모하게 되어 있다. 이는 마치 갓난아기가 자라나기 위해 젖을 사모하는 것과 같은 이치다(벧전 2:2). 신자가 영적으로 성장하려면 하나님의 말씀을 체계적으로 배워야 한다.

성경에서는 신자의 영적 성장을 생물학적 성장 단계에 비유해서 설명한다. 요한일서 2장 14절을 보면, "아이들아 내가 너희에게 쓴 것은 너희가 아버지를 알았음이요 아비들아 내가 너희에게 쓴 것은 너희가 태초부터 계신 이를 알았음이요 청년들아 내가 너희에게 쓴 것은 너희가 강하고 하나님의 말씀이 너희 안에 거하시며 너희가 흉악한 자를 이기었음이라"고 하여 3단계의 신앙 상태를 말해준다.

여기서 '아이들'은 영적으로 하나님 아버지를 아는 수준의 단계고, '청년들'은 하나님의 말씀을 의지해서 영적 전쟁을

할 수 있는 단계다. '아비들'은 하나님의 경륜을 잘 깨닫고 적용하는 가장 성숙한 단계를 의미한다. 이처럼 구원의 은혜를 경험한 신자들은 영적으로 성장해야 한다. 따라서 신자는 영적 성장을 위해서 반드시 하나님의 말씀을 공부해야 한다.

### 반드시 배워야 할 기독교 기본 교리

하나님의 말씀을 교회에서 공부할 때는 자신의 영적 수준과 단계에 합당한 공부를 해야 한다. 교회에 출석하고 있지만, 아직 구원의 은혜를 경험하지 않은 자들은 먼저 기독교 신앙의 원리를 배워야 한다. 교리 문답서를 통해서 기독교의 기본 교리들을 하나하나 배워나가야 한다. 특히 신자의 구원에 가장 기본적으로 요구되는 지식은, 1부에서 점검한 것처럼 삼위 하나님의 구속 사역에 대한 이해다.

한편, 구원의 은혜를 경험한 신자는 자신의 구원에 대한 확신을 위해서, 그리고 피상적인 지식에서 벗어나기 위해서 복음과 관련된 교리를 공부해야 한다. 예를 들면, 율법, 복음, 회개, 믿음, 칭의, 성화, 성도의 견인에 대한 성경적 가르침을 체계적으로 배워야 한다. 이 교리가 체계적으로 견고하게 정리되어 있지 않으면 거짓 가르침에 흔들릴 수 있으며, 오류에 대한 문을 열어둘 수 있기 때문이다.

구원의 확신을 갖고 그리스도의 구속을 분명히 깨달으려면 율법과 복음의 관계를 잘 배우고 이해하는 것이 중요하다. 초대교회 중 하나인 갈라디아교회에서도 이 부분에 대한 잘못된 가르침이 들어와서 교인들이 혼동에 빠지고, 사도 바울이 이를 바로잡기 위해 수고한 일이 있었다.

지금도 마찬가지다. 율법을 통해서 자신이 죄인인 것과 스스로를 구원할 수 없는 것을 깨달아야만 그리스도를 믿어야 하는 이유와 복음의 필요성을 알 수 있기 때문이다. 복음과 관련된 교리들을 정확히 이해하지 않고 신앙생활을 하다 보면, 고난이나 어려움을 당할 때 믿음이 흔들려서 다시 세상으로 돌아가는 경우가 있다. 따라서 신자들의 흔들리지 않는 확고한 신앙을 위해서는 교리와 성경공부가 반드시 필요하다.

이들은 특히 성경의 은혜로운 약속에 대해 공부해야 하

며, 하나님의 신실하심을 확고하게 이해하고 믿음을 갖기 위해 하나님의 구속 역사에 대해서도 공부해야 한다. 하나님께서 역사 속에서 자신의 백성을 어떻게 구원하시고 돌보셨는지를 공부하고, 자신에게 적용하는 훈련을 해야 한다.

## 단단한 음식을 먹는 신앙 단계

신자들은 결코 영적인 어린아이의 수준에 머물러서는 안 된다. 영적인 어린아이와 같은 상태는 성경에서 바람직하게 여기는 영적 상태가 아니다. 바울은 고린도전서 13장 11절에서, "내가 어렸을 때에는 말하는 것이 어린아이와 같고 깨닫는 것이 어린아이와 같고 생각하는 것이 어린아이와 같다가 장성한 사람이 되어서는 어린아이의 일을 버렸노라"고 말한다. 영적인 어린아이의 수준에 머물러서는 안 된다는 것이다.

신자들은 영적으로 최소한 청년이나 아비의 단계에 이르러야 한다. 이러한 영적 수준에 도달할 수 있도록 하나님께서 신자들에게 주신 은혜의 수단은, 딱딱한 말씀을 먹는 것이다. 히브리서 5장에서는 신자들이 단단한 음식을 먹을 수 있는 단계에 이르러야 함을 강조한다. "때가 오래되었으므로 너희가 마땅히 선생이 되었을 터인데 너희가 다시 하나님의 말씀의 초보에 대하여 누구에게서 가르침을 받아야 할 처지이니 단단한 음식은 못 먹고 젖이나 먹어야 할 자가 되었도다 이는 젖을 먹는 자마다 어린아이니 의의 말씀을 경험하지 못한 자요 단단한 음식은 장성한 자의 것이니 그들은 지각을 사용함으로 연단을 받아 선악을 분별하는 자들이니라"(히 5:12-14).

그러므로 신자들은 단단한 음식을 먹을 수 있는 수준에 이르도록 계속해서 교회의 성경공부에 참여해야 한다. 단단한 음식을 먹을 수 있는 수준이란, 기독교의 교리에 정통하며, 성경의 주요 가르침에 대해 체계를 세울 수 있는 정도의 수준이다. 이러한 자들은 오류가 있거나 거짓된 가르침을 분별해서 그것을 피할 수 있으며, 자신의 영적 안전을 유지할 수 있다.

이들은 또한, 영원한 나라에 대한 분명한 소망을 가지고 있으며, 이 땅에서 세상에 물들지 않고 경건한 삶을 유지하는 자들이다. 신자들은 이러한 수준에 도달하기 위해 교회에서 제공하는 성경공부에 참석하는 등 꾸준히 성경을 배워 나가야 한다. 이것은 신자들이 이 땅을 떠나 주님께 갈 때까지 계속해야 할 일이다.

**점.검.질.문.**

1. 자신의 영적 상태가 어떤지를 항상 인식하고 있습니까?

2. 하나님의 말씀을 배우고자 하는 열망과 영적 갈증이 있습니까?

3. 자신의 영적 성장을 위해서 하나님의 말씀을 배우는 일에 참여하고 있습니까?

4. 성경의 주요 교리들을 분명하게 이해하고 있습니까?

5. 영적으로 단단한 음식을 소화할 수 있는 단계에 이르렀습니까?

# 9
## 기도의 은혜가 있습니까?

**본문 : 사도행전 1장 13-14절**

"들어가 그들이 유하는 다락방으로 올라가니 베드로, 요한, 야고보, 안드레와 빌립, 도마와 바돌로매, 마태와 및 알패오의 아들 야고보, 셀롯인 시몬, 야고보의 아들 유다가 다 거기 있어 여자들과 예수의 어머니 마리아와 예수의 아우들과 더불어 마음을 같이하여 오로지 기도에 힘쓰더라"

성령님께서 한 영혼 위에 구원의 은혜를 효과적으로 적용하실 때, 그 영혼은 이미 기도하는 훈련을 받고 있는 것이다. 누가복음 18장에 등장하는 세리의 기도는 이러한 예를 보여준다. "세리는 멀리 서서 감히 눈을 들어 하늘을 쳐다보지도 못하고 다만 가슴을 치며 이르되 하나님이여 불쌍히 여기소서 나는 죄인이로소이다 하였느니라"(눅 18:13).

성령님의 역사로 죄인은 자신의 죄를 보게 되었고, 자신에 대한 하나님의 심판도 깨닫게 되었다. 그래서 그는 자신의 죄를 하나님께 고백하면서, 가슴을 치며 용서의 은혜를 구하는 기도를 했다. 이 죄인의 기도는 그의 낮아진 심령의 상태를 그대로 보여주고 있다. 이처럼 성령님께서 효과적으로 구원을 적용하실 때, 죄인들은 하나님을 향해 기도하게 되어 있다.

### 하나님께 나아가는 은혜의 수단

용서의 은혜를 체험한 영혼은 하나님의 자녀로서 하나님께 구원의 감사 기도를 드리게 되어 있다. 사도 바울은 로마서 8장 15절에서 "너희는 다시 무서워하는 종의 영을 받지 아니하고 양자의 영을 받았으므로 우리가 아빠 아버지라고 부르짖느니라"고 말한다. 회심을 경험한 후에는 아버지께 부르짖게 된다는 것이다.

하나님의 자녀가 되면 마땅히 하나님을 향해 기도하게 된다. 사실 사도 바울의 이러한 설명은 자신이 다메섹 도상에서 이미 경험했던 것이다(행 9:11). 예수님께서 제자들에게 기도를 가르쳐 주실 때도, "하늘에 계신 우리 아버지"(마 6:9)라고 부르면서 기도하라고 말씀하셨다. 따라서 구원의 은혜를 경험한 신자들은 반드시 하나님께 나아가야 하며, 하나님께 기도로 은혜를 구해야 한다.

신자가 하나님께 기도하는 것은, 하나님만이 우리의 마음과 우리의 소원을 아시고 들어주시는 분이심을 깨닫고 있다는 증거다. 신자는 자신의 구원 경험을 통해서 하나님이 가장 자비로우시고 은혜로우신 분이라는 것을 깨달았기 때문에 오직 하나님께만 기도해야 한다는 것을 안다(약 5:11).

하나님은 기도를 은혜의 수단으로 정해놓으셨다. 따라서 신자가 기도의 장소로 나아와 기도하는 것은 하나님의 은혜에 자신을 굴복시키는 것이다. 하나님은 기도라는 수단을 통해서 먼저 신자가 자신의 부족함과 연약함을 인정하게 하시고, 하나님의 풍성함을 바라보게 하시며, 하나님께서 신자들에게 베푸시는 모든 은혜에 감사하게 하신다. 그러므로 신자는 자신과 다른 사람들을 위해서 기도하고, 특히 말씀의 사역자와 정부의 관리들을 위해서도 기도해야 한다(딤전 2:2).

신자의 기도는 개인적으로나 공적으로 드려진다. 보통은 일반적인 방식으로 기도를 드리지만 때로는 비상한 방식으로도 드려진다. 신자의 개인적인 기도는 혼자서 드리는 기도와 가족이 함께 모여 드리는 기도 등이 포함된다. 반면, 공적으로 드리는 기도는 교회와 엄숙한 집회 등에서 드리는 기도다.

### 공적인 기도의 중요성

신자의 영적 성장에는 개인적으로 기도하는 것도 중요하지만 교회에서 신자들이 함께 모여 기도하는 것이 매우 중요하다. 그리스도께서 제자들에게 기도를 가르쳐 주실 때, '우리'라는 단어를 여러 번 사용하셨는데, 이는 여럿이 모여서 함께 기도하는 것을 의미한다(마 6:9-13).

사도 바울은 고린도후서 1장 11절에서 "너희도 우리를 위하여 간구함으로 도우라 이는 우리가 많은 사람의 기도로 얻은 은사로 말미암아 많은 사람이 우리를 위하여 감사하게 하려 함이라"고 하여, 교회가 함께 모여 기도하는 것의 중요성을 말했다(살전 5:25).

또한, 조나단 에드워즈는 "합심하여 기도하는 것은 하나님이 구속사에서 중요한 일을 이루시는 방법이다"라고 말했다. 그는 "교회가 모여서 합심하여 기도할 때, 하나님은 하나님의 백성에게 기도하는 영을 주실 것이다. 이로써 부흥이 일어나고 사람들은 영적인 것에 큰 관심을 갖게 되어 더욱 하나님의 자비를 구하게 되며, 하나님은 응답하심으로 자신의 영적 왕국을 진전시키실 것이다"라고 했다. 그러므로 신자들이 함께 모여 하나님 나라의 진전을 위해 기도하고, 그 가운데 영적 유익을 얻는 것은 매우 중요한 일이다.

성경에서는 비상한 경우에 연합하여 기도하는 것에 대해서도 말하고 있다. 역대하 20장에서 여호사밧왕은 백성들과 함께 특별한 기도를 했다. "여호사밧이 두려워하여 여호와께로 낯을 향하여 간구하고 온 유다 백성에게 금식하라 공포하매 유다 사람이 여호와께 도우심을 구하려 하여 유다 모든 성읍에서 모여와서 여호와께 간구하더라"(대하 20:3-4).

이때는 모압 자손과 암몬 자손들과 마온 사람들이 여호사밧을 공격하기 위해 몰려온 상황이었다. 특별한 상황에서 왕과 유다 사람들은 비상한 기도를 드렸고, 하나님의 비상한 방식으로 구원을 경험했다.

사도행전을 보면 안디옥교회도 특별한 금식기도 가운데 바나바와 사울을 선교사로 세우고 파송하게 되었다(행 13:1-3). 이처럼 하나님은 교회를 통해서 그의 놀라운 구속 사역을 하실 때, 하나님의 백성에게 특별한 기도를 하게 하신다. 그리고 그들이 하나님의 비상한 은혜를 경험하게 하신다.

따라서 신자는 교회에서 함께 모여 기도하는 것을 중요하게 여기고 자신을 항상 그 은혜의 수단 아래 두어야 한다.

**점.검.질.문.**

1. 평소에 하나님께 기도하는 영적 습관이 형성되어 있습니까?

2. 자신의 부족함과 연약함을 깨달을 때마다 하나님께 기도합니까?

3. 하나님의 풍성함을 지식으로만 인식하지 않고 기도로 체험하고 있습니까?

4. 다른 사람들과 말씀 사역자와 나라를 위해서 기도하고 있습니까?

5. 교회의 기도회에 참석합니까?

# 10
## 교회에서 봉사하고 있습니까?

**본문 : 에베소서 4장 11-12절**

"그가 어떤 사람은 사도로, 어떤 사람은 선지자로, 어떤 사람은 복음 전하는 자로, 어떤 사람은 목사와 교사로 삼으셨으니 이는 성도를 온전하게 하여 봉사의 일을 하게 하며 그리스도의 몸을 세우려 하심이라"

구원의 은혜를 경험한 자는 반드시 교회의 회원으로 가입해야 한다(고전 12:13). 즉, 세례 교인이 되는 것이다. 이렇게 교회의 회원이 된 신자는 교회의 사역자에게 양육을 받고 훈련받아 온전하게 되어야 한다(엡 4:12).

온전하게 된다는 것은 죄와 결별하고, 믿음으로 그리스도께 더 가까이 나아가 그와 동행하며, 믿음과 성결의 질서 있는 삶을 사는 것을 의미한다. 그러므로 교회는 마치 어머니가 자식을 양육하는 것처럼 신자를 온전하게 양육하는 역할을 한다.

이처럼 교회가 신자를 온전하게 양육하는 목적은 교회의 사역을 섬기고, 그리스도의 몸인 교회를 세우게 하려는 데 있다. "이는 성도를 온전하게 하여 봉사의 일을 하게 하며 그리스도의 몸을 세우려 하심이라"(엡 4:12). 그러므로 구원의 은혜가 있는 신자는 교회에서 영적으로 훈련된 후, 반드시 교회에서 봉사해야 한다.

### 교회의 여러 은사와 직무

교회에서의 봉사란 일반적으로 새로운 신자를 교회로 인도하는 것과, 기존의 신자를 믿음 안에 거하도록 도와주는 것을 말한다. 즉, 장로와 집사의 직무를 맡는 것이라고 할 수 있다. 그러나 직무와 관련된 은사를 언급한 성경 구절들을 보면 교회에서의 봉사는 이보다 훨씬 더 넓은 의미가 있음을 알 수 있다.

로마서 12장에서 사도 바울은 여러 은사와 직무에 대해 이렇게 설명한다. "우리에게 주신 은혜대로 받은 은사가 각각 다르니 혹 예언이면 믿음의 분수대로, 혹 섬기는 일이면 섬기는 일로, 혹 가르치는 자면 가르치는 일로, 혹 위로하는 자면 위로하는 일로, 구제하는 자는 성실함으로, 다스리는 자는 부지런함으로, 긍휼을 베푸는 자는 즐거움으로 할 것이니라"(롬 12:6-8).

이 은사들 중에는 사도들에게 국한된 예외적인 은사도 있지만, 대부분은 일반적인 은사와 직무다. 섬기는 일, 가르치는 일, 위로하는 일, 구제하는 일, 다스리는 일, 긍휼을 베푸는 일 등은 다 일반적인 직무이며, 지금도 신자들이 교회에서 봉사의 직무로 삼고 있는 일이다.

더욱이 성경에서 말하는 사례는 교회를 위해 사역하고 봉사하는 신자들에 대한 것이다. 바울은 로마서의 마지막 장인 16장에서 교회에서 봉사하고 있는 인물들의 이름을 일일이 언급하면서, 교회는 이들을 인정하고 존경해야 한다고 말한다.

현대의 교회에는 이외에도 더 다양한 직무들이 있다. 공적 예배의 찬양을 맡을 수도 있고, 새로운 신자들을 안내하는 업무를 맡을 수도 있으며, 영아들을 돌보거나, 장애우를 위해 봉사할 수도 있다. 이러한 직무와 봉사를 통해 교회가 세워진다. 따라서 신자는 반드시 교회에서 봉사해야 한다.

사도 바울은 이러한 봉사를 할 때 무엇보다 형제 사랑의 마음을 가지고, 서로 존중함으로 하라고 말한다. "형제를 사랑하여 서로 우애하고 존경하기를 서로 먼저 하며 부지런하여 게으르지 말고 열심을 품고 주를 섬기라"(롬 12:10).

### 자기 자랑이 되지 않는 봉사

봉사는 구원의 은혜에 감사해서 하는 것이다. 또한, 하나님께서 우리를 구원하신 목적 중의 하나가, 우리를 선한 일에 힘쓰게 하려는 것이기 때문에 봉사하는 것이다(딛 2:14). 그러므로 신자가 교회에서 하는 봉사가 구원의 근거가 될 수는 없음을 기억해야 한다.

신자의 선한 행위나 교회에서의 봉사는 완전하지 않다. 이 땅에서 사는 한, 신자의 마음에는 부패성이 남아 있다. 따라서 신자가 교회에서 봉사했다고 해도 그 행위가 불완전하다는 것을 깨달아야 한다. 그래서 봉사한 후에는 신자로서 반드시 해야 할 일을 한 것뿐이라는 고백이 나와야 한다(눅 17:10). 사도 바울처럼 "내가 모든 사도보다 더 많이 수고하였으나 내가 한 것이 아니요 오직 나와 함께 하신 하나님의 은혜로라"(고전 15:10)고 말해야 한다.

신자라고 하면서도 교회에서 봉사하지 않는 것은 그 은혜의 진정성을 의심하게 만드는 모습이며, 또한 교회에서 봉사했다고 해서 자신의 행위를 드러내고 자랑하는 것도 좋지 않은 태도다. 따라서 진정한 신자는 교회에서 봉사하되, 모든 것을 하나님의 은혜로 돌리는 겸손의 덕이 있어야 한다.

## 점.검.질.문.

1. 교회에서 복음 사역자들에게 양육과 훈련의 교육을 받고 있습니까?

2. 교회에서 봉사하고 있습니까?

3. 교회에서 봉사하는 것을 구원받는 근거로 생각하지 않고, 구원의 은혜에 감사하는 마음으로 봉사합니까?

4. 교회에서 봉사의 역할을 할 수 있도록 주께서 주시는 은혜를 깨닫고 있습니까?

5. 교회에서 봉사할 때 자기 자신이 드러나거나 자신의 자랑이 되지 않도록 행동합니까?

# 11
## 전도의 열정이 있습니까?

**본문 : 마가복음 3:13-15**

"또 산에 오르사 자기가 원하는 자들을 부르시니 나아온지라 이에 열둘을 세우셨으니 이는 자기와 함께 있게 하시고 또 보내사 전도도 하며 귀신을 내쫓는 권능도 가지게 하려 하심이러라"

그리스도의 제자들은 예수님께 전도 훈련을 받았으며, 실제로 파송되어 전도를 하기도 했다(마 10:1). 그리고 그리스도께서 승천하신 후 성령님을 교회에 부어주시자, 그 은혜를 입은 제자들은 그리스도의 죽음과 부활을 더욱 강력하게 전했다.

제자들은 전도하는 가운데 핍박을 받았지만, 더욱 전도에 힘썼다(행 4:20). 그들은 가르치기와 전도하기를 쉬지 않았다(행 5:42). 이렇게 제자들이 확신을 가지고 전도할 수 있었던 이유는 그리스도와 구원에 대한 실제적인 체험이 있었기 때문이다.

### 영적 회심의 증거, 전도

사울에게도 그리스도를 만나는 체험이 있었다. 그는 부활

하신 그리스도를 만난 후, 그리스도가 주가 되신 것을 알았다. 그러나 그는 그리스도를 핍박하던 죄인이었기 때문에 먼저 자신의 죄를 용서받기 위해 기도해야 했다. 그는 금식하면서 구원의 은혜를 구했다. 그때 예수님은 아나니아를 사울에게 보내셔서 그의 죄를 용서해주실 뿐 아니라 그를 사도로 불러주셨다.

이처럼 놀랍게 그리스도를 경험한 사울은 곧바로 다메섹에 있는 회당으로 가서 전도했다(행 9:20). 그리스도를 만나고 구원의 은혜를 경험한 사울에게 가장 먼저 나타난 영적 효과는 그리스도를 증거하는 것이었다.

구원의 은혜를 경험한 자, 즉 회심을 경험한 자들은 그리스도를 모르는 영혼에게 구원의 은혜를 전하고자 하는 열망이 가장 먼저 일어나게 된다. 또, 교회는 다니지만 구원의 은혜를 경험하지 못한 자들에게 그들의 영적 상태가 얼마나 위험한지 말해주게 된다. 이러한 영적 현상은 영적 대각성이나 부흥이 일어났을 때, 매우 강력하게 일어난다.

이러한 효과 때문에 선교 운동이 일어나기도 했다. 청교도의 영적 대각성을 통해서는 존 엘리어트(John Eliot)와 토마

스 메이휴(Thomas Mayhew) 등이 아메리칸 인디언을 위한 선교사가 되었다. 미국의 제1차 영적 대각성 당시에는 데이비드 브레이너드(David Brainerd)가 아메리칸 인디언을 위한 선교사가 되었다. 또한, 1857-1858년의 대부흥기에 무디(D. L. Moody)가 회심하여, 미국과 영국을 다니면서 전도했던 것은 잘 알려진 일이다.

이러한 원리는 한국교회의 초창기에도 적용되었다. 당시에는 신자가 한 영혼이라도 전도하지 않았다면, 그가 회심하지 않은 것으로 보고 그에게 세례를 베풀지 않았다.

### 성경 말씀을 가르치는 전도

영적 회심이 전도로 이어지는 이 원리는 지금 우리에게도 그대로 적용된다. 신자라고 하면서 영적으로 죽어가는 영혼을 무관심하게 바라만 보고 있다면, 그의 회심을 의심할 수밖에 없다. 자신의 영적인 죽음의 상태를 처절하게 체험하고 진정으로 회심했다면, 그리스도의 피로 새 생명을 얻었다는 놀라운 감격 때문에 영적으로 죽어 있는 영혼들을 찾아가 전도할 수밖에 없다.

요즘은 교회마다 여러 가지 전도 프로그램들이 있어서 신자들의 전도를 돕는다. 그런데도 자신은 말도 잘 못하고 담대하지 못해서 복음을 전하기가 두렵다고 말하는 사람들이 많다.

그러나 성경은 사람을 만나서 복음을 설명하는 것이 전도가 아니고, 전도 대상자와 함께 성경을 공부하는 것이 전도라고 말한다. 사도행전 5장 42절 말씀을 보면 "그들이 날마다 성전에 있든지 집에 있든지 예수는 그리스도라고 가르치기와 전도하기를 그치지 아니하니라"라고 했다.

불신자들을 자신의 가정에 초청해서 성경공부를 개설하고, 그들과 함께 성경공부를 하는 것은 구원받은 신자가 얼마든지 할 수 있는 일이다. 물론 불신자들을 교회로 초대해서 체계적인 양육을 통해 그들에게 질서 있게 성경을 가르치는 것도 필요하다. 또한, 자신이 전도 성경공부를 인도하지 못한다 해도 복음 사역자를 자신의 가정에 초대하고, 전도할 사람들을 초청해서 하나님의 말씀을 듣게 할 수 있다.

전도를 위한 접촉점을 만드는 길은 이외에도 많이 있다.

신자는 전도를 위해서 수고할 뿐만 아니라, 그것이 주께서 모든 시대의 신자들에게 명령하신 것임을 기억해야 한다. 예수님은 제자들에게 "너희는 가서 모든 민족을 제자로 삼아 아버지와 아들과 성령의 이름으로 세례를 베풀고 내가 너희에게 분부한 모든 것을 가르쳐 지키게 하라"(마 28:19-20)고 명령하셨기 때문이다.

**점.검.질.문.**

1. 구원받지 못했을 때 자신의 영혼이 얼마나 비참한 상태였는지 체험했습니까?

2. 구원받지 못한 상태의 영혼들에 대해 안타까움과 위급함을 느끼고 있습니까?

3. 교회에서 전도 훈련을 받았습니까?

4. 전도할 때 구원의 필요성을 어떻게 설명해야 할지 알고 있습니까?

5. 실제로 전도를 하고 있습니까?

WHAT IS YOUR
SPIRITUAL
TEST SCORES?

# 12
## 풍성한 구제와 나눔이 있습니까?

**본문 : 누가복음 12장 33-34절**

"너희 소유를 팔아 구제하여 낡아지지 아니하는 배낭을 만들라 곧 하늘에 둔 바 다함이 없는 보물이니 거기는 도둑도 가까이 하는 일이 없고 좀도 먹는 일이 없느니라 너희 보물 있는 곳에는 너희 마음도 있으리라"

성경은 구원받은 백성의 마땅한 의무는 선을 행하는 것이라고 말한다. 신자에게 선행이란 하나님의 계명에 순종하는 것이다. 신자의 선행 중 구약에서 거듭 강조되고 외적으로도 나타나는 것이 있는데, 그것은 하나님의 백성으로서 이웃의 어려움을 돕는 것이다.

신명기 15장에서는 구제할 때 가져야 할 마음의 태도에 대해 이렇게 말한다. "네 하나님 여호와께서 네게 주신 땅 어느 성읍에서든지 가난한 형제가 너와 함께 거주하거든 그 가난한 형제에게 네 마음을 완악하게 하지 말며 네 손을 움켜쥐지 말고 반드시 네 손을 그에게 펴서 그에게 필요한 대로 쓸 것을 넉넉히 꾸어주라"(신 15:7-8).

시편 112편은 이러한 구제를 의로운 행위라고 말한다. "그가 재물을 흩어 빈궁한 자들에게 주었으니 그의 의가 영구히 있고 그의 뿔이 영광 중에 들리리로다"(시 112:9).

### 구원의 증거이자 의무인 구제

그리스도인이 궁핍한 자를 도와주는 것은 의무이며, 자신에게 구원의 은혜가 있음을 보여주는 것이다(요일 3:17 ; 딤전 6:17,18 ; 마 5:42). 예수님께서는 마태복음 25장의 양과 염소의 비유에서, 구원받은 백성의 진정성은 어려움에 처한 자들을 기꺼이 도와주는 것에서 나타난다고 말씀하신다. 그들은 어려운 자들을 도와주었다 해도 그것으로 자신의 의로움을 삼지 않았다고 강조하셨다(마 25:31-40).

히브리서 13장 16절에서는 "오직 선을 행함과 서로 나누어 주기를 잊지 말라 하나님은 이 같은 제사를 기뻐하시느니라"고 하여 구제를 영적 제사라고 표현하기도 했다.

사도 바울은 고린도교회가 예루살렘교회를 돕겠다고 작정해놓고도 그것을 이행하지 않은 것에 대해서 책망했다. 그러면서 구제를 이행하여 자신들에게 구원의 은혜가 있는 것을 증거하라고 했다. "이 직무로 증거를 삼아 너희가 그리스도의 복음을 진실히 믿고 복종하는 것과 그들과 모든 사람을 섬기는 너희의 후한 연보로 말미암아 하나님께 영광을 돌리고"(고후 9:13).

디모데전서 6장에서도 바울은 구제가 영원한 생명을 소유하고 있다는 증거라고 말했다. "선을 행하고 선한 사업을 많이 하고 나누어 주기를 좋아하며 너그러운 자가 되게 하라 이것이 장래에 자기를 위하여 좋은 터를 쌓아 참된 생명을 취하는 것이니라"(딤전 6:18-19).

한편으로 야고보는 구원에 이르는 진정한 믿음과 입술의 고백에만 그치는 믿음을 구별하기 위해 행함을 강조했다. "너희 중에 누구든지 그에게 이르되 평안히 가라, 덥게 하라, 배부르게 하라 하며 그 몸에 쓸 것을 주지 아니하면 무슨 유익이 있으리요 이와 같이 행함이 없는 믿음은 그 자체가 죽은 것이라"(약 2:16-17).

이처럼 야고보는 행함이 있는 믿음의 증거로 구제의 예를 들어 말하고 있다. 구제하는 행위를 근거로 그가 구원받았다고 말할 수는 없지만, 구제하는 행위는 그에게 구원의 믿음이 있음을 보여주는 중요한 표시가 된다.

### 필요한 자에게 넉넉하게 주라

성경에는 신자가 구제해야 할 대상에 대해서 구체적으로 언급한다. 고아와 과부와 나이 든 자, 병든 자와 눈먼 자와 저는 자들이다(신 15:7,11 ; 레 25:35). 성경은 개인적인 구제 외에 사회적인 구제에 대해서도 말하고 있다. 이는 교회를 세우는 것과(눅 7:5) 어려운 교회를 돕는 것과(고후 8:1-5) 학교와 병원을 세우는 것(왕하 6:1 ; 대하 34:22) 등이다.

또한, 성경에서는 구제의 범위와 함께 우선순위도 설명하면서 신자에게 구제가 얼마나 중요한지를 강조한다. 구제는 가장 가까운 친척에서부터 시작해야 한다(딤전 5:8 ; 마 15:5, 6). 그다음으로 그리스도인들에게(갈 6:10), 그다음으로 사회와 국가에 구제를 해야 한다.

구제에서 신자의 신앙 상태의 진정성이 드러날 수 있는 부분은 그것을 행하는 마음의 태도와 상태다. 신자의 도움이 필요한 형제에게 동정심이 있어야 하며(시 112:4) 겸손하고 은밀하게 행해야 한다. 구제의 행위를 통해 자신을 드러내서는 안 된다. 다만 하늘에 계신 아버지께서 인정하시도록 해야 한다. "사람에게 보이려고 그들 앞에서 너희 의를 행하지 않도록 주의하라 그리하지 아니하면 하늘에 계신 너희 아버지께 상을 받지 못하느니라"(마 6:1).

그리고 인색함이 없이 즐거움으로 해야 한다(롬 12:8 ; 고후 9:7). 그리스도인의 덕목 가운데는 너그러움, 즉 인색하지 않은 마음이 있다. '구두쇠'라는 말은 구원받은 신자와 어울리는 단어가 아니다. 신자들은 하나님의 영광과 동료 그리스도인들의 선을 위해서 구제에 참여해야 한다(고후 8:4-5).

구제는 공적으로나 사적으로 이행할 수 있다. 공적으로 구제하는 경우는 도움이 필요한 자들을 적시에 도울 수 있도록 때를 잘 맞추어야 한다. 또, 사람의 행위가 드러나지 않게 해야 한다. 개인적으로 구제할 경우에는 도움이 필요한 형제의 상황에 따라 때와 장소에 적합하게 해야 한다(욥 31:16 ; 잠 3:28).

### 점.검.질.문.

1. 형제의 어려움을 볼 때 그들을 도와주고 있습니까?

2. 어려운 자들을 구제할 때, 너그럽고 풍성한 마음을 품고 있습니까?

3. 연로하고 힘없는 부모님을 물질적으로 돕고 있습니까?

4. 교회가 시행하는 구제에 참여하고 있습니까?

5. 사회적 구제에 참여하고 있습니까?

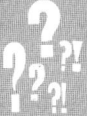

WHAT IS YOUR
SPIRITUAL
TEST SCORES?

**에필로그**

# 당신의 신앙 상태는 어떻습니까?

　지금까지 1부에서는 자신에게 구원의 은혜를 받은 증거가 분명하게 나타나는지를 점검하고, 2부에서는 바른 신앙의 삶이 있는지를 점검해보았다. 물론 이러한 점검 질문은 스스로 하나님의 말씀 안에서 자신을 평가하는 것이기 때문에 주관적일 수도 있다. 그러나 자신이 받은 은혜의 증거들을 가시적으로 점검해볼 기회가 되었을 것이다.

　이 신앙의 점검 질문들은 필자가 30년 이상 사역해온 가운데서 얻은 것으로, 자신이 구원받았는지 그 확실성을 스스로 점검하게 하는 것이 목적이다. 따라서 자가 점검을 통해 자신에게 구원의 은혜가 부족하다고 여겨진다면, 은혜의 수단 아래로 더욱 깊이 들어가서 하나님의 은혜를 구하고 다시금 구원을 확실하게 하면 된다.

한편, 이 점검을 통해 자신에게 풍성한 은혜가 있음을 확인했다면 하나님께 더욱 감사하며 계속하여 풍성한 신앙생활을 해나가길 바란다.

# 사명선언문

너희가 흠이 없고 순전하여……세상에서 그들 가운데 빛들로
나타내며 생명의 말씀을 밝혀 _ 빌 2:15-16

### 1. 생명을 담겠습니다
만드는 책에 주님 주신 생명을 담겠습니다.
그 책으로 복음을 선포하겠습니다.

### 2. 말씀을 밝히겠습니다
생명의 근본은 말씀입니다.
말씀을 밝혀 성도와 교회의 성장을 돕겠습니다.

### 3. 빛이 되겠습니다
시대와 영혼의 어두움을 밝혀 주님 앞으로 이끄는
빛이 되는 책을 만들겠습니다.

### 4. 순전히 행하겠습니다
책을 만들고 전하는 일과 경영하는 일에 부끄러움이 없는
정직함으로 행하겠습니다.

### 5. 끝까지 전파하겠습니다
모든 사람에게, 땅 끝까지, 주님 오시는 그날까지
복음을 전하는 사명을 다하겠습니다.

# 서점 안내

**광화문점** 서울시 종로구 새문안로 69 구세군회관 1층
02)737-2288(T) 02)737-4623(F)

**강남점** 서울시 서초구 신반포로 177 반포쇼핑타운 3동 2층
02)595-1211(T) 02)595-3549(F)

**구로점** 서울시 구로구 시흥대로 577 3층
02)858-8744(T) 02)838-0653(F)

**노원점** 서울시 노원구 동일로 1366 삼봉빌딩 지하 1층
02)938-7979(T) 02)3391-6169(F)

**분당점** 경기도 성남시 분당구 황새울로 315 대현빌딩 3층
031)707-5566(T) 031)707-4999(F)

**일산점** 경기도 고양시 일산서구 중앙로 1391 레이크타운 지하 1층
031)916-8787(T) 031)916-8788(F)

**의정부점** 경기도 의정부시 청사로47번길 12 성산타워 3층
031)845-0600(T) 031) 852-6930(F)

**인터넷서점** www.lifebook.co.kr